让孩子着迷的
第一堂自然课

农田动物

The Secret Life of Farmland and Field animals

[英]伯纳德·斯通豪斯（Bernard Stonehouse）著
[英]约翰·弗朗西斯（John Francis）绘
雪棣 译

化学工业出版社
·北京·

The Secret Life of Farmland and Field Animals
Copyright © 2010 Firecrest Publishing Ltd.
The simplified Chinese translation rights arranged through Rightol Media
本书中文简体版权经由锐拓传媒取得Email:copyright@rightol.com

本版本仅限在中国内地（不包括中国台湾地区和香港、澳门特别行政区）销售，不得销往中国以外的其他地区。未经许可，不得以任何方式复制或抄袭本书的任何部分，违者必究。

北京市版权局著作权合同版权登记号01-2016-8338

图书在版编目（CIP）数据

让孩子着迷的第一堂自然课 . 农田动物／（英）伯纳德·斯通豪斯（Bernard Stonehouse）著；（英）约翰·弗朗西斯（John Francis）绘；雪棣译 . -- 北京：化学工业出版社，2019.2
　　ISBN 978-7-122-33523-4

　　Ⅰ . ①让… Ⅱ . ①伯… ②约… ③雪… Ⅲ . ①科学知识–青少年读物②动物–青少年读物　Ⅳ . ① Z228.2 ② Q95-49

中国版本图书馆 CIP 数据核字（2018）第 294576 号

责任编辑：丁尚林　谢　娣　　　装帧设计：水长流文化
责任校对：杜杏然

出版发行：化学工业出版社（北京市东城区青年湖南街 13 号　邮政编码 100011）
印　　装：天津图文方嘉印刷有限公司
787mm×1092mm　1/12　印张 2½　字数 40 千字　2019 年 6 月北京第 1 版第 1 次印刷

购书咨询：010-64518888　　　　　　售后服务：010-64518899
网　　址：http://www.cip.com.cn

凡购买本书，如有缺损质量问题，本社销售中心负责调换。

定　　价：22.80 元　　　　　　　　　　　　　版权所有　违者必究

前 言

"让孩子着迷的第一堂自然课"是一套系列丛书,这套书讲的是生态环境里常见的哺乳动物和鸟类的日常生活。每本书重点介绍一个特定的生态环境,从我们自己家的后花园,到我们散步和开车经过的林地,再到我们休闲玩耍的海滨。野生动物画家约翰·弗朗西斯和环境科学家伯纳德·斯通豪斯博士的成功合作,为我们揭示了大自然的秘密,使得我们能够了解和欣赏这些非常有意思的动物——我们原本还以为自己已经熟知这些动物了呢,却发现实际上对它们相当无知。

在《农田动物》这本书中,你会找到这些问题的答案:为什么云雀会在半空中唱歌?红隼(sǔn)是怎么发现高高的草里微小昆虫的?野兔真会在三月发疯吗?书里还告诉你另外一些农田动物的生活秘密,比如:伏翼是怎么利用叫声在半空中捕猎的?为什么獾(huān)的脸上有白色的条纹?

目 录

农田简介	5
獾（huān）	6
寒鸦	9
田鼠	10
椋（liáng）鸟	13
白鼬（yòu）	14
云雀	17
原仓鼠	18
红隼（sǔn）	21
喜鹊	22
野兔	25
布谷鸟	26
伏翼	29

农田简介

最初的人类,成群结队地到处漫游,靠打猎和采集为生。他们猎杀动物吃肉,还从森林里采集果实、种子和块根。那些学会了放牧驯鹿和牛羊、开垦出荒地种植小麦、水稻、玉米和蔬菜的人们,就成了最早的农民。今天,我们吃的食物中大多数来自农牧场,现在的很多农牧场是几百年前就由森林或荒原开垦而来,从那以后就一直被耕作和管理到今天。

农牧场包括牧草地和耕地。牧草地是供牲畜吃草的,耕地是用来种植小麦、大麦、燕麦、土豆、甜菜、水果和其他农作物的。耕地周围通常被栅栏、石头墙或树篱围绕、分隔着,有时还留有一片片的林地或一丛丛树,用来遮荫和避风。农牧场还有建筑物—农舍、马厩、牛棚、牛奶场、猪圈和谷仓。

除了饲养的动物,在农场里甚至耕种的农作物中间,生活着各种各样的野生鸟类和哺乳动物。老式的农耕方式,以及这种农耕方式带来的小片的耕地、草地、浓密的树篱和充足的林地,给这些野生动物提供了很多生存机会。现代方式的农耕所伴随的更大片的耕地、密集的耕作,使得野生鸟类和哺乳动物更难以生存。但是,很多农民开始重视这个问题,他们把农场的一角留出来给野生动物,像爱护他们的马牛羊和庄稼一样地爱护野生动物。

獾（huān）

獾像一只小熊那么大，体型粗壮矮胖。

很多年来，人们为了得到獾的毛皮而捕猎它们。只有在那些远离人类的地方，比如森林里或被浓密灌木丛遮蔽着的林地上，獾才比较容易幸存下来。欧洲的大部分天然森林都消失了，但是獾还是留了下来，以林地和大农场为家。白天它们在很深的地洞（叫做獾穴）里睡觉，夜晚从地洞中钻出来找吃的。

在挨着林地的田野里最容易看见獾。它们长着短而强壮的腿、窄小的头、梨形的身体，像猪一样呼噜着、哼哧着拱过灌木丛。它们借着树篱的掩蔽，沿着它们夜复一夜走出来的路径，费力地穿过草坡上高高的草丛。

人类仍然是它们的主要敌人。很多獾要么被人类出于娱乐目的非法猎杀，要么被合法捕杀，因为有些科学家相信，獾会把一种致命的结核病传染给牛群。

1 獾的鼻子永远紧贴着地面，它们敏锐的嗅觉有助于觅食。它们吃活的动物，也吃死的，还吃浆果、苹果和其他果子。在潮湿的牧草地上，它们主要吃蚯蚓。它们用强壮的爪子把蚯蚓从地里挖出来。

2 獾长着短短的腿，每只脚上武装着五个弯曲的尖爪甲，这些都可以用来挖土。它们胳膊和腿一齐上，把成吨的泥土挪走，给自己挖掘出獾穴，里面有四通八达、互相连接的通道和巢室。

3 獾的长长的下颌上，长着结实有力的肌肉和强壮锋利的牙齿，所以它们咬东西十分厉害。但是獾并没有很强的攻击性，它们之间很少打斗，也没有什么天敌，主要吃很软的食物，比如青蛙、蜗牛、老鼠、果子、浆果和蚯蚓。

4 欧洲獾长着一身光滑、浓密的毛皮，后背上是深棕灰色，身体前面颜色浅些，腿是黑色的。脸上有三条显眼的白色条纹，耳朵尖也是白色的。当獾在夜里到处溜达的时候，大概就是靠着这些条纹看见并且认出别的獾。

5 好几家獾一起住在一个獾穴里。獾在仲夏时交配，到第二年二月或三月生下一窝二到五只幼崽。这些幼崽最早会在四月底或五月公开露面。它们夜里跟随妈妈到处巡视的时候，就跟妈妈学习捕猎。人工饲养的獾宝宝会成为聪明的宠物，但是必须在它们能够保护自己的时候把它们放走。

- 6 -

寒鸦

寒鸦长着黑色的身体、灰色的头、浅灰色的眼睛。它们是乌鸦家族中体型较小的成员。在欧洲和亚洲大部分地区常见。

寒鸦的英文名字"jackdaw"由两部分组成,"daw"是它最初的名字,意思是"穴鸟","jack"近似它鸣叫时发出的声音。

你很少看见一只寒鸦独自行动。它们喜欢彼此做伴、一起飞翔,常常数十只在一起结队找食吃,巢穴也经常成群地筑在一起。在野外,它们在悬崖峭壁和老树上筑巢。在农场,它们把谷仓、教堂和老房子当作自己的家。

农民们种地的时候,很喜欢看到成群的寒鸦跟在犁的后面,从新翻的泥土里啄食有害的昆虫和幼虫。但当他们看见十几对寒鸦在烟囱上筑巢,猛吃果园里的樱桃和无核小水果的时候,就没那么高兴了。寒鸦很快就习惯了与人类和家养动物共存。图中这两只寒鸦发现了很顺手就能得到的羊毛,可以拿来垫窝。

1. 寒鸦的食性非常广泛,包括昆虫、果子、种子和腐肉(死去动物的肉)。食物充足的时候,它们会猛吃很多,多到都咽不下去了,然后把咽不下去的多余部分存在嗓子下面的一个喉囊里,回家喂给孵蛋的配偶或是雏鸟。

3. 寒鸦的浅灰色眼睛总是在留心观察。如果有别的鸟在筑巢,它们很快就会注意到,然后迅速从没人看管的鸟窝里把鸟蛋偷走。它们也会从花园里偷走亮晶晶的小东西,运回它们的窝里,比如螺钉、茶匙等。

2. 寒鸦总是被亮丽的东西吸引。它们贪婪地吃着成熟的野樱桃和其他颜色鲜艳的水果和浆果。在水果农场或果园里,一群寒鸦会把刚刚成熟的果子都破坏掉,它们吃掉一些水果,同时随便到处乱啄,毁掉更多的水果。

4. 寒鸦是这样筑巢的:先收集小木棍和细枝,然后把它们扔在一起,最终堆成一个平台。烟囱可以成为一个很好的筑巢地点,只要它足够狭窄,可以被堵上,前提是下面没有人点火。

5. 这个巢做在有遮蔽的房顶一角,它的基座很结实,是用细枝做的,里面衬垫着一层羊毛。寒鸦妈妈孵蛋大约需要18天,这期间雄寒鸦不断地喂给雌寒鸦食物。鸟爸爸妈妈都给鸟宝宝喂食。雏鸟需要四到五周才能长出羽毛。

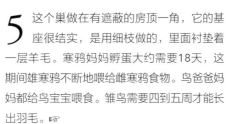

田鼠

这个长着圆溜溜的小眼睛的小动物，很容易被误认为是老鼠，其实它是一只田鼠。田鼠主要生活在草原和荒野中。在农场中的牧草地和草坡上也可以见到它们的身影。田鼠有时还会出现在庄稼地周围没有开垦的土地上。如果你在什么地方见到一两只田鼠，很有可能在很近的距离内还有数十只。在食物充足、地面上长满了植物的地方，田鼠的数量增长得非常快。

在寂静的夜晚，你会听到它们跑来跑去、四处忙碌时发出的很吵的吱吱声。它们喜欢坚实的地面，有时它们会钻进地里去，但大多数时候在地面上奔跑。它们喜欢沿着草茎之间的狭窄小道活动。当这些小道被长在上方的植物覆盖遮挡上的时候，简直就成了隧道了，可以保护田鼠不被别的动物捕食。但是，由于田鼠数量众多，它们成为很多动物重要的夏季食物来源，这些动物包括：黄鼠狼、白鼬、狐狸、蛇、红隼、猫头鹰和农家的猫。

1 田鼠和家鼠都是小型哺乳动物，个头和体型都差不多，但是很多细微的地方有差异。田鼠的尾巴较短、耳朵较小。家鼠是杂食动物，食性很广，从昆虫到种子都吃。而田鼠主要吃草和其他植物的茎、叶和根。

4 田鼠从早春开始繁殖。雌田鼠在一根掉落的大树枝下或一堆叶子里找到一个干燥的做窝之处，用草编织一个杯子形状的窝，大小足以容下五到六只幼崽。雄田鼠在交配之后就漠不关心了，靠雌田鼠独自养家。

2 几乎每片长满草的田野里都有纵横交错的田鼠小路。冬天和早春，草比较矮的时候，这些小路最容易看到。暮春时节，草长高了，到了仲夏，这些小路就完全被掩盖住了，这时，田鼠们跑来跑去时，来自地面和空中捕猎者的危险就小多了。

3 黄鼠狼和小蛇比较纤细，可以钻入这些田鼠小路；狐狸在附近跑来跑去寻找田鼠，一旦发现就猛扑过去；猫头鹰从附近的栖息之处仔细倾听，一旦听到动静就发动袭击。这只仓鸮（xiāo）正叼着一只田鼠，准备回去喂养饥饿的雏鸟。

5 幼鼠长得很快，出生后两到三周就可以离家了。它们成熟得也很快。雌鼠和雄鼠都在四到五周内就可以繁殖了。一只雌鼠可以在一个夏天之内生五到六窝幼崽。幸好田鼠有很多天敌来使它们的数量得到控制。

椋（liáng）鸟

椋鸟是欧洲最常见的鸟类之一，它们很好地适应了人类的活动，农业的发展和传播尤其使它们过得不错。开阔的原野和农作物给它们提供了很好的觅食条件；建筑物上的洞和角落为它们提供了筑巢地点；窗台则是适合它们栖息的地方。

冬季的白天，成百上千只椋鸟成群聚集在新翻的土地上觅食，夜晚则涌入小镇、城市的公园里栖息。单只来看，椋鸟的羽毛有很多颜色，它走路时端着一副趾高气扬的姿态。叫声是多种多样的，从口哨声到长长的尖叫声，它们都能发出来。像寒鸦一样，椋鸟能模仿人类的声音，并且曾经是非常流行的、养在笼子里的会说话的鸟。数量太多的时候，它们会很烦人。它们的酸性粪便会杀死树木、破坏石头建筑，它们清晨的叫声让人睡不着觉。数量不多时，它们更受欢迎些。这三只椋鸟，长着带白点的羽毛，正在一片冰封的粮田里觅食，这有助于减少农作物的害虫。

1 在一定距离之外看，椋鸟长着单调黯黑的羽毛、暗黄色的鸟嘴。但离近了看，那黑色其实是闪亮的绿色和紫色，带有棕色条纹和浅蓝色斑点。它们的羽毛在冬天带有白点，在暮春的时候就渐渐褪去了，这使得椋鸟在夏秋时颜色更深些。

3 当红隼或其他的天敌接近的时候，第一个发现它们的椋鸟会发出警告声。其他的椋鸟立刻回应，一起飞到空中，形成一个紧密的方阵队形，然后集体向捕食者冲过去，把它赶走。羽毛刚刚丰满的幼鸟很快就体会了"鸟多力量大"的道理。

4 椋鸟的雄鸟用草和小细枝筑巢。它一般把巢筑在建筑物或空心树的小洞里面。椋鸟们经常结伴住在一起，一个谷仓里就可以容纳六七个椋鸟的窝。鸟妈妈一次下四到七个浅蓝色的鸟蛋。鸟爸爸和鸟妈妈一起孵蛋，通常要孵大约两个星期。

2 从晚秋到早春，椋鸟叽叽喳喳地叫着，聚集成一大群一大群的，整天在田野里觅食，寻找昆虫和蠕虫。当天色渐渐晚了的时候，它们先是聚集成小群，很多小群再汇集成大群，然后整个天空都是它们呼呼飞翔的翅膀。

5 椋鸟爸爸妈妈很有爱心。它们喂鸟宝宝吃昆虫和蠕虫。鸟宝宝长得很快，两到三个星期后就可以离开鸟巢了。但是它们还要继续跟爸爸妈妈住上几天，从它们那里要食吃。小鸟跟在父母身边到处搜寻食物，在这过程中它们知道了什么是可以吃的东西。

白鼬（yòu）

白鼬跟獾和水獭是近亲。它们是十分凶猛且强健有力的小动物，头脑机灵、性子很急，身手非常矫健敏捷。它们独自捕猎，经常与周围环境融为一体，很少被人察觉。如果你见到一只白鼬，那它可能早已经听到、看到或闻到你了，并且正准备跑掉。如果你见到两只、三只或四只白鼬在一起，那很可能是白鼬妈妈和她的宝宝们。它们时而淘气地打滚、绕圈赛跑、跳跃，时而忽然呆呆地站住，闻一闻空气中的味道、听一听动静。只要有一点点危险的迹象，它们立刻就跑得无影无踪了。

白鼬虽然个子很小，却长着尖牙利爪，加上它的力量和坚强的意志，足以杀死比它们大两三倍的动物。它们主要的猎物是鸟和鸟蛋、穴兔、野兔和一些更小的哺乳动物，比如大老鼠、田鼠和小老鼠。猎场看守人和饲养家禽的农场主最恨白鼬，因为一只饥饿的白鼬有时会一下子杀死四只肥硕的家禽，可是只吃掉其中一只。

3 白鼬捕猎的时候，先是蹑手蹑脚地悄悄接近穴兔或野兔，然后出现在猎物面前。露面以后，继续以一种奇怪的迂回折行，或者翻滚蹿跳的方式接近猎物、迷惑猎物，使猎物仿佛被魔法魔住了，然后猛地抓住猎物的脖子后面狠狠地咬下去，咬死猎物。它们吃饱以后，就找一个安静的角落去睡上几个小时。

1 夏天的时候，白鼬后背上的毛是红棕色的，前胸和肚子是白色的，尾巴尖上有一抹黑色。到了冬天，那些住在北边高纬度地区的白鼬就变成通体雪白，除了黑色的尾巴尖。这使得它们隐身在雪地里，谁也发现不了。这身白色的毛皮，叫做"貂皮"，是皮货商们非常珍视的。

4 雄白鼬和雌白鼬在春天和夏天会暂时聚到一起交配。怀了宝宝的雌白鼬会在空心的树里、墙缝或河岸处用草搭窝，垫上羽毛和羊毛，然后生下四到七只小白鼬。白鼬宝宝大约一个月后断奶，但还继续留在妈妈身边，一起住到冬天。

2 白鼬长着纤长柔韧的身体、短短的腿，它们穿过矮树丛中时，仿佛是在滑行。它们能从岩石上一跃而过，还时不时地突然冒出头来看看前方的路。它们游泳和爬树的本领也很棒。白鼬主要在夜间捕猎，所以更多地依靠嗅觉和听觉，而不是视觉。

5 两三家白鼬的宝宝们，会聚集到一起，去寻找老鼠和其他小猎物。这些宝宝们精力旺盛，非常淘气，它们在光天化日里跑出来一起玩摔跤和拳击，有时就成了猫头鹰和其他捕食者的猎物。很多小白鼬在第一个冬天就饿死了。幸存者到了来年春天就又可以繁殖了。

云雀

很多小鸟会唱歌，它们大多数都是站在树枝上或是建筑物上唱。它们的歌好像是在唱："我在这里，这里是我的地盘，其他鸟快远离这儿。"很少有鸟儿能够一边飞一边不停地唱歌，但雄云雀就可以做到。它们住在旷野里，常常远离树木和建筑。在繁殖季节里，雄云雀也需要宣布它们保卫自己领地的决心和对伴侣的渴求。没有落脚的枝头，它们就在半空里歌唱。它们偶尔也站在树枝或电线杆上歌唱，跟它们的近亲百灵鸟一样。

云雀的歌声是欢快的、叽叽喳喳的。虽然不是特别婉转动听，人们还是很喜欢听到云雀歌唱，因为云雀的歌声让人们想到温暖的夏日。整个夏天，处于繁殖期的云雀在离巢不远的天空中歌唱。秋天的时候，云雀们就成群地向更南的地方飞去了。在秋季和早春时节，虽然并不是在繁殖期间，但云雀们也会歌唱。

1 与它们吵闹的歌声形成对比的是，云雀的羽毛是单调黯淡、很不显眼的棕色，跟周围典型的草地和农田的背景非常融合。云雀的头上长着小小的冠子，当它们静静地落在地面的时候，冠子就平伏下去；而当它们唱歌的时候，冠子就更显眼一些。

2 云雀有一套特殊的飞行模式：它们从地面上几乎垂直地上升，先是在空中交替地爬升和盘旋五到十分钟，然后很快地下降。在飞行中，它们一直在歌唱，它们的歌声是持续大声的唧啾，非常有效地向其他云雀宣布了它们的存在。

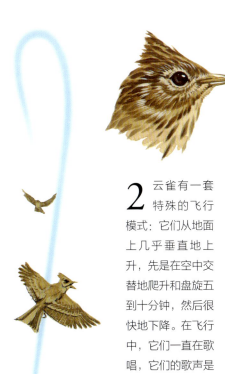

3 林百灵是云雀的近亲，它们跟云雀非常相似，只是体型稍小，颜色稍浅，有明显的白色下颏和眼袋线。它们喜欢在荒野和森林边缘做窝。它们也能像云雀一样在半空中歌唱，但更愿意站在树木或灌木丛上歌唱。

4 云雀的巢一般完全隐藏在高高的草丛当中。当雄鸟唱歌的时候，雌鸟便会筑巢。巢是用草编织而成的，里面垫上毛发或羊毛。做好巢后，雌鸟在里面产下三四个白色带棕点的蛋。雌鸟独自孵蛋，要孵大约12天。

5 雏鸟刚孵出来时全身没毛，眼睛也看不见。但是生长得很快。它们在成长过程中吃毛毛虫、蛾子、甲虫、蜘蛛和蠕虫，也吃种子和谷物。一星期后它们就可以离巢了，两到三周后就飞走了。在温暖干燥的夏天，一对云雀可以成功养育两到三窝后代。

原仓鼠

世界上有十多种不同种类的仓鼠,生活在草原和荒原上。我们最熟悉的那种当作宠物的仓鼠是金仓鼠,也叫金丝熊,属于野生在南欧和亚洲的一种仓鼠。在欧洲中部,从比利时到俄罗斯西部,经常会见到原仓鼠,也叫欧洲仓鼠或普通仓鼠。这是一种深棕色的仓鼠,有豚鼠大小,生活在长满草的平原、河岸和农田。

你很少看见它们。它们生活在地洞里,白天睡觉,夜里才出来觅食。冬天它们就销声匿迹了,在整个冬季里,它们时而冬眠,时而又醒来,靠着它们在夏秋季节储藏的食物生活。

仓鼠们会共享地洞,不过一见面就会争吵甚至打架。除了交配的时候,它们一般井水不犯河水。如果需要开拓自己的疆土、发现新领地的话,仓鼠也能游泳。不过它们还是更愿意住在陆地上。夜里捕猎的猫头鹰、狐狸和白鼬是它们主要的敌人。

1 用来当作宠物的金仓鼠体型小巧,长着金棕色的皮毛。原仓鼠个头要大一些,是深红棕色的,脸上和身体侧面有白色斑块。这两种仓鼠的习性相似,都基本靠种子和植物性食物为生,而且从这些食物中获得所需的大部分水分。

2 仓鼠是啮(niè)齿类动物,跟老鼠和松鼠一样。仓鼠的门牙长长的,像凿子一样,而且终其一生都在不停地生长。仓鼠会把谷粒和其他细碎的食物存放在两腮上的颊囊里,带回洞去。它们在食物充足的月份里把食物储藏起来,留着在漫长而寒冷的冬天里吃。

3 一只仓鼠进了它的地洞,就等于是消失在一个网络系统里,这个网络系统由很多地下通道和小房间组成,有时甚至有好几个入口。这些小房间包括食物储藏间。在一个年景好的夏天,一只仓鼠可以为冬天储存几千克的种子、坚果和其他食物。

4 在冬天最寒冷的几个月里,仓鼠蜷缩起身体,在地下洞穴的小房间里冬眠,也就是说,它们体温下降,身体开始进入一种深度睡眠。每隔三到四周,它们醒来,通过发抖来取暖,吃些它们储存的食物,然后再回去睡觉,直到被温暖的天气唤醒。

5 仓鼠在春天交配。雌仓鼠一次生四到十只光秃秃没有毛,眼睛也还没睁开的幼鼠。幼鼠吃一个月的母乳,然后就准备离开窝了。只有仓鼠妈妈照顾孩子们。雄仓鼠被赶走了,直到下一次仓鼠妈妈准备交配为止。

红隼（sǔn）

这种小型的鹰隼（sǔn）是世界上最常见的鸟类之一。无论在欧洲还是北非，这些地区生活的红隼外形都差不多，都长着带条纹和斑点的羽毛。在亚洲和北美也繁衍着与它们外形相似而且亲缘很近的品种。

红隼个子小而结实，长着弧形的翅膀，长长的、扇子一样的尾巴。它们是超级飞行能手，也是高效能的捕猎者。它们主要捕捉小型哺乳动物和昆虫。它们捕猎时，先是巡视一番，以一种独特的姿势盘旋在空中，然后猛地俯冲下去捕杀猎物。

红隼小而灵活，可以捕到很多种类的食物。它们能在空中袭击鸽子或更小些的鸟类，抓住飞过的蚂蚱和蛾子，在雨后俯冲下来从泥土里叼起毫无防备的蚯蚓。它们还会从鸟窝里偷蛋，把别的鸟儿的猎物据为己有，从海鸥嘴里夺鱼，或是从猫头鹰那里把老鼠强抢过来。生活在公路边上的红隼也吃动物的腐肉，比如路上被车撞死的兔子和刺猬的尸体。

1 红隼巨大的、往前看的眼睛，使它们能看清楚的范围很大。它们靠着视力从黎明捕猎到黄昏。它们的视力敏锐到能够看到一百米以外的一只老鼠。

2 红隼有时站在它领地里的树上或电线杆上，有时短距离飞行，到处巡视，一边飞一边仔细搜索地面。一旦发现猎物，或是看到草丛中有动静，它们就逆着风展开翅膀和尾翼，在空中盘旋，然后猛地俯冲到地面捕猎。所以红隼经常被俗称为"乘风盘旋者"。

3 红隼虽然体型不大，却可以抓起几乎跟自己一样大的鸟兽。捕猎的时候，红隼用它那底部很宽、朝下弯曲的嘴叼紧猎物，折断猎物的脖子，或是咬碎猎物的头骨。红隼的翅膀也很强壮，它可以在叼着一只老鼠或是椋鸟的情况下飞回窝去。

4 红隼自己不做窝。它们住在林地边上其他鸟儿的旧窝里，或是旧的乡村小屋和农舍的墙缝里。雌红隼一次生四到六个白底棕点的蛋，然后要孵蛋四个星期。这期间雄红隼守在旁边，每天好几次送来食物给雌红隼吃。

5 红隼爸爸妈妈都会带回食物来喂养宝宝，它们把老鼠、鸟和别的猎物撕成碎片，分给红隼宝宝。宝宝们长得很快，它们身上长满了灰白色的绒毛，周围都是吃剩的骨头、毛皮和羽毛。五到六周后，它们就可以离巢，去自己捕猎了。

喜鹊

这是一只黑白相间的鸟——等等，真的是吗？从一定距离以外看，是这样的。但是近距离看，黑色神奇地变成了鲜亮的蓝色和绿色。

普通喜鹊遍布欧洲、北非、中亚和美国西部。它们一般是成对出现。但有时候会有上百只聚集在一起，尤其是冬天在食物周围。它们什么都吃，从土壤里找到的小虫、蠕虫和甲虫，到幼小的哺乳动物。有些农夫喜欢喜鹊，因为它们能帮着清理地面，限制老鼠和兔子的数量。有些则不喜欢，因为喜鹊会攻击甚至杀死小羊、雏鸭和其他幼小的农场动物。

喜鹊确实像故事里讲的那样，会掠夺其他鸟的窝。当一只喜鹊发现了一个鸟巢，它就会把鸟爸爸鸟妈妈赶走，然后一个接一个地偷走鸟蛋。喜鹊也吃雏鸟，会趁着雏鸟在地面上走，或者在空中飞的时候捕捉它们。这也是为什么看守猎场的或是饲养家禽的农夫看到喜鹊就会捕杀的原因。

1 在冬天和早春的时候，喜鹊聚集在一起，数十只为一群，一起栖息在树上，一起在牧场和旷野上找食吃。它们专找那些犁地和耙地的农夫们，跟在农夫的拖拉机后面，从刚翻起来的土地里找幼虫和蠕虫来吃。

3 喜鹊也吃死的动物。图中这些喜鹊正围着一只生下来就是死的小羊羔争夺吵闹。它们用强壮的鸟嘴把羊羔撕开。有时候两三只喜鹊会合伙攻击一只离开羊妈妈身边的弱小无助的新生羔羊。

2 喜鹊春天的集会包括"喜鹊议会"，也就是一百多只喜鹊聚在开阔的地方，蹦跳着、拍着翅膀从地上飞到树上，兴奋地叽叽喳喳。

4 喜鹊用小棍和细枝搭窝，里面衬垫上一层泥。窝上经常有个拱形的顶盖。喜鹊一次生五到七个蛋，蛋是淡绿色的，上面有棕色的斑点。喜鹊妈妈孵蛋大约要孵三星期。喜鹊爸爸则无畏地保卫着自己的巢，防范着其他的鸟。如果人离得太近，它也会攻击人。

5 雏鸟出壳的时候，眼睛都没有睁开，非常无助。它们在巢里要待上大约四个星期，这期间，喜鹊爸爸和妈妈都给它们喂食，直到它们长大到巢里都装不下了。不过一旦离巢，几天之后它们就可以自己找食吃了。

野兔

　　穴兔和野兔在很多方面都非常相似，但是也有一些不同的特点，分别与它们各自的生活方式相适应。

　　它们都生活在开阔的草原或平原上，主要吃生长在附近的植物。穴兔打洞，体型小而结实，腿短；野兔更喜欢露天生活，从来不挖洞，也不寻找掩藏的地方。野兔就好像是一不小心长得过大的穴兔，腿长，耳朵也长——这都有助于它们在开阔的地方生存。穴兔和野兔都有很好的视力、听力和嗅觉，面对危险反应都很快。受到老鹰或猫头鹰惊吓的穴兔，会一头扎进最近的地洞；受惊的野兔则向远处飞跑。

　　两种兔子都适应农场附近的生活。穴兔喜欢草比较矮的牧场和菜地；野兔则喜欢在草甸和玉米田里活动。这两种兔子都繁殖得很快。时不时地，农夫就不得不靠打猎或下套子的办法，来控制它们的数量。

1　野兔跟穴兔很像，而且是近亲。但是身体比例不同，尤其是耳朵和腿。野兔的耳朵比较长，耳朵尖是黑色的，它的皮毛和胡须也浓密一些。它的腿更长，这使得它成为世界上跑得最快的动物之一。

3　野兔时常蹲坐起来，目光越过植物的叶梢，注视着远方。长长的耳朵警觉地竖着，不时地抽动一下，寻找着声音的来源。它们在地面上的敌人是狗、白鼬和臭鼬。野兔长着袋鼠那样的长腿。它们跑得很快，在跑动中还能突然扭身、回转和跳跃，这些本领使它们能甩掉大部分捕食者。

4　野兔基本上独自生活。春天夏天凑到一起主要是为了交配。春天的时候，成年的雄兔变得非常好斗，它们为了争夺对领地的主权，互相搏斗，上演一场场惊心动魄的"踢腿拳击比赛"。雌兔在交配后找到安静的地方独自生活，直到生下兔子宝宝。

2　穴兔和野兔都有啮（niè）齿目动物那样的裂开的上嘴唇，露出长长的门牙。用来切断食物的门牙终其一生都在不停地生长。门牙后方两侧成排的臼齿，是用来磨碎食物的。它们几乎完全靠吃植物为生，例如草、嫩芽、幼苗和叶子。

5　雌兔一窝生下两到四只野兔宝宝。这些兔宝宝生下来就全身有毛，眼睛也是睁开的。它们出生几个小时就能四处走，去给自己找个藏身的小洞，又叫"小穴"。兔妈妈每天到它们的小穴去看它们两三次，给它们喂奶。三到四周以后，它们就能自己找食并且保护自己了。

布谷鸟

除了在夏季的欧洲和西亚，布谷鸟不是很常见，特别是雌布谷鸟，因为它们经常藏在灌木丛和繁茂的枝条间。但是你常常能听到它们的叫声。在五月和六月的繁殖季节，它们的鸣叫仿佛在一遍又一遍地呼唤着自己的名字"布谷，布谷"。到了七月底或八月，它们往南飞，在那里一直待到来年春天。

布谷鸟叫声很大、很频繁。它们经常站在树顶上叫，好像在用叫声告诉别的布谷鸟："我在这里。"这样每对布谷鸟之间可以彼此隔开距离，各自拥有自己的领地，供它们居住、觅食和繁殖。

布谷鸟自己不造窝。雌鸟把自己的蛋下在其他鸟的巢里。它们专门选择某些鸟类的窝去下蛋，而且要赶在那种鸟刚刚下完蛋的时候。小布谷鸟孵出壳以后，会把窝里其他鸟蛋都推出去，然后被"养父母"养大。

1 布谷鸟长着长尾巴和带条纹的翅膀，这使得它们飞起来的时候，看上去很像是鹰。小鸟们经常围攻布谷鸟，把它们当作鹰那样攻击、骚扰它们。这可能就是布谷鸟总是不爱出头露面的原因之一。

2 这个林岩鹨（liù）的窝里那三个小小的蓝色鸟蛋，是林岩鹨妈妈在过去这两三天里生的。那个大点的粉色蛋是一个布谷鸟妈妈生的。她偷偷地溜进来把自己的蛋生到那里，还偷走了林岩鹨的一个蛋。

3 林岩鹨没有发现这枚粉色鸟蛋是不一样的，它们把所有的蛋都孵化了。布谷鸟的雏鸟最先孵出来，它把其他的鸟蛋一个接一个地推出了巢外。林岩鹨养育着这个入侵者，就仿佛它是它们的亲生子女。

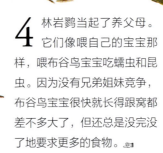

4 林岩鹨当起了养父母。它们像喂自己的宝宝那样，喂布谷鸟宝宝吃蠕虫和昆虫。因为没有兄弟姐妹竞争，布谷鸟宝宝很快就长得跟窝都差不多大了，但还总是没完没了地要求更多的食物。

5 布谷鸟比林岩鹨大多了，所以长成的布谷鸟宝宝比养父母还大。到三个星期大的时候，它就比养父母加在一起还重了。再过两三天，它就要离巢，飞到南方去过冬了。

伏翼

伏翼是一种小型的蝙蝠。它长着老鼠一样的头和身体，会拍打着翅膀飞翔。它们的耳朵很大，翅膀像很薄的伞一样。你常常能在傍晚看到它们，就在日落之前。这时，它们从白天栖息的地方钻出来，在树木之间来回飞扑，捕捉晚上飞翔的昆虫。

这只伏翼发现了一只甲虫，它用像针一样尖的牙齿一瞬间就把甲虫咬住了。在傍晚这个时间，伏翼是靠视觉捕猎的。再晚一些，它们就要更多地依靠"声呐"，也叫"回声定位"系统了。也就是说，它们发出高频的叫声，然后倾听回声，根据回声来确定它们前方的障碍物和猎物的位置。它们的咽喉是声波的发送器，那些大大的耳朵就是接收器。有一些其他种类的蝙蝠，通过更大更复杂的鼻子发出叫声，那些种类的蝙蝠，耳朵更大，声呐系统的准确性也更高。

蝙蝠会吸血吗？只有很少数的热带蝙蝠会。

1 伏翼的嘴比较大，长着吓人的牙齿和强健的下颌肌肉。它们飞行的时候张着嘴，发出一种高频的尖叫，叫声超出了一般人类能听到的频率范围。它们尖锐锋利的门牙和犬齿（前面的牙齿）会像捕猎的夹子一样猛地把飞行中的昆虫咬住，而带有齿嵴（jí）的臼齿会把这些昆虫咬碎和嚼细，然后才咽下去。

3 尽管蝙蝠在傍晚的飞翔看上去似乎是扑棱着、跌跌撞撞的，实际上它们飞得非常准确，精准到足以从空中一连串地捕捉到一只又一只微小的昆虫。蝙蝠喝水的方式也说明了它们的飞行能力。它们从低空掠过池塘的水面，用它们的下颌盛起水来喝。

4 伏翼的翅膀是由很薄的皮膜组成的，这层皮膜连接覆盖着伏翼爪子上的手指及其手臂骨头，只留出大拇指来。翅膀往后一直延展到腿，在腿骨和尾骨之间也覆盖着皮膜，只留出脚上的爪子。

2 蝙蝠整个白天都在栖息地睡觉。通常是在黑暗的、有遮蔽的角落里，数十只蝙蝠一起倒挂着睡，翅膀整齐地收拢在身体旁边。蝙蝠惯常的栖息地是山洞，但是也可能选择在教堂的屋顶、谷仓，甚至相当现代的房屋里。如果你发现了蝙蝠的栖息地，不要打扰这些正在睡觉的动物哦。

5 伏翼发出的高频的叫声向前传播，遇到前方的物体就反弹回来，产生回声。从回声的不同特点，伏翼可以区分出这些障碍物到底是墙、树枝，还是作为食物的昆虫。所以伏翼可以在树之间飞得很快很安全，还能在飞行中捕捉昆虫。

连连看

本册书中出现过的动物，你都认识了吗？试着根据它们的画像，给它们连上对应的名字吧！

动物画像	动物名称
	野兔
	喜鹊
	云雀
	红隼
	寒鸦
	田鼠
	伏翼
	椋鸟
	布谷鸟
	白鼬
	原仓鼠
	獾